找創意
你可以這樣

凱莉·史密斯 Keri Smith ——— 著

譚鍾瑜 ——— 譯

目次

Cardamom 15g
小荳蔻

Cardamom 15g
小荳蔻

ze Dried Chives
乾燥細香蔥

Cre

on Quills 25g
肉桂卷

4

一粒沙見一世界

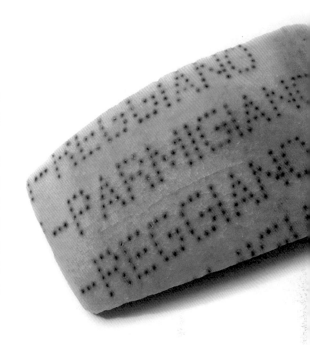

一粒沙見一世界，這是一本非常值得推薦的書。之前我曾經看過一篇文章，有人問海倫‧凱勒：「妳怎麼分辨白天和黑夜呢？」海倫‧凱勒回答說：「那不難，我用嗅覺來分辨。」白天的空氣比較輕柔，氣味比較輕淡，而且大氣中的活動和震顫也比較多，到了晚間，空氣就變混濁了，而且可以感覺到任何東西裡面的活動都減少了。作者觀察與匯集事物的方法，與我幾年來的體驗非常相似，當然如果您有另外一半的話，也許要某一種星座特質的人才能相安無事！

如果您從事啟發性的工作，不論是私人創作或是工作上需要創意，例如藝術工作者，有關於教授創造性課程的老師，或是在學校學習的學生，抑或是在職業上要有創造性思考

的人，再也沒有比實物的收藏，配合影像的隨機記錄與描繪筆記，更能觸發並變成深沉的記憶。它是一種生活的指紋，標記著正在發生的時序，由聽覺的記憶、視覺的記憶、嗅覺的記憶、觸覺的記憶、味覺的記憶，讓我們所看見的形式變成了媒介，其存有反應了延伸的真實生活，抑或是窺視著另一種靈魂。

常常有人問我，作為西屹設計團隊的創意總監，及大學裡設計課程的老師，源源不絕的創意是如何來的？我有五十多本由不同方式取得、大小厚薄不均的隨身筆記本，裡面記滿了各種生活的觸碰，有路旁筴果的形狀、

柏油路面裂縫中隱隱乍現的蛇腹管、一塊老木頭上裂開的年輪、廢棄工廠作業員自己製作的工作椅、長得像海膽的海邊的風滾草、如同壇城般家用電腦內的運算器等。另有五十個33×23×13公分的材料置放盒，裡面裝滿了平常隨手收集來的不同材質，有金屬、礦物、植物、動物、各種人造塑膠等，內有海玻璃、飛魚的一對翅膀、保利龍顆粒（PS發泡塑膠）與水泥混合的極輕水泥塊、完整膨鬆的木棉花球、一撮狗毛（正好可以做一個狗毛氈杯墊的量）……等。另外有一些塑膠盒及罐子，分別裝有一百多種平常收集來的種子，如印度紫檀的圓翼翅果種子、帶毛橘色的鐵樹的種子、光滑

有漂亮斑紋的橡膠樹的種子、紫藤花扁圓形的種子、酸子樹的堅硬種子、帶皮榛果的圓形種子……等。幾盒很香的香料，內有整顆的豆蔻、丁香、小荳蔻、小茴香、月桂葉、肉桂捲、俄力岡、百里香……等。打開之後釋放出的香氣，是一種作菜時食物味道的記憶。另外有一個盒子有一塊世界頂級的乾酪（PARMIGIANO REGGIANO）剩下的外皮靜靜地躺在那，並持續散發出誘人的濃郁香味，想像當時刨成粉灑在熱騰騰剛撈起的通心麵上，其散發出濃郁的奶香不需再加其他配料，那美好的嗅覺經驗實在無法形容，視覺的記憶將喚起嗅覺及味覺的記憶，而味覺的記憶又喚起其他的記憶。

雖然環境的給予有時候是過於喧囂的，雖然知道現象的背後似乎隱喻著甚麼，但是干擾太多，實可先留下訊息，日後再予轉化及鏡射，由鏡子的鏡像反射出的是物品真實的非真實，也是非真實的真實，當時留下的訊息因為時間是在未來，它將會產生質變，但這是有趣的，並不一定現在看了要與前一段時間有相同的感受。

手記本的記錄或實體的收集記錄行為，會儲存在大腦顳葉裡的海馬體中；短期記憶的部份裡，而當我們再次由手記本或是實體的收藏物中，看見各種感知的記憶，大腦會將它置入大腦皮層的長期記憶區中。

此書讓我們學習自省創意性工作究竟為何？我們是否太過於急切的想鑽研設計，我們描述它、鑽研它、操作它、方法論的結果竟而找不到本質！事物的真諦是當下我們所見，並用任何方法記下的五感記憶。

遇見一本好書.
可以節省很多時間和力氣。

是很多人的創意和經驗集結而成

試著用新的方法.
為自己找出不同的路.

創意不是很用力
就會有的.
但需要用「心」.

8

年紀愈大，人變得愈來愈膽小
也愈來愈不敢嘗試
新事物．

林怡芬 | 知名插畫家

創意不是很用力就會有的，需要用「心」

腦袋，和身體一樣．
是可以鍛練的。

就從現在開始．
試著作看看吧！

都一事提。雕關
變，的出或塑於
成不事了說一對
任管都一，對一
務再　整關　聲音
。尋變套於畫音
常了一更對、
琐一完深對
碎。全刻所對一
的一誤地謂一
食參用對的氣
衣與手我尋味
住一冊們常一
行的一習一、
的都式以藝對
粗變的為術一
心一玩常一東
或參法最的西
用禪。不反一
心一使設動的
⋯的得防及收
的，每其集
所一生更及
有用種活嚴其
細具我一重誤
節一們本而用
，都每身嚴。
在變天的厲關
這一謹一地於
裡玩慎活誤對
裡具從一用

顏忠賢｜實踐大學建築設計學系副教授

有些人看了這本書變成購物狂，有些人看了這本書變成哲學家、有些人看了這本書變成藝術家、有些人看了這本書變成勞作課的教材、安親班的玩法、或腦筋急轉彎式定義……

當然了，這本書本來當然只拿來當作勞作課的教材、安親班的玩法、或腦筋急轉彎式……它在這些看似簡單遊戲般的，恐怖滿了……放遊戲……了戲

看書卻會變成拾荒作者，有些人看了這本書會變成……這本書是可怕的……山寨機式深練習得……深禪機、感染源未知但殺傷力的必然極強的某些……探索者某五十九個恐怖份子般的，恐怖……這份探索中某些看似……恐怖……

病卻但急當看有
毒充我轉然了些
、滿仍彎一這人
地玄然式定本看
雷機深的有書了
、、深練些卻這
感禪覺習人會本
染機得。只拿變
源甚這這學成
未至本哲本家拾
知山書但殺傷力的必然極強的

序　拾荒任務

顏忠賢

充滿玄機、禪機甚至山寨機式的對「生活」的「活」的探索

因為這書的「拾荒任務」，「生活」真的變成「活」的……

生活充滿創意，及其地面對怕的藝術收藏變成「不可能」啟蒙的任務而有令人的結案因此故……

事……變成一個可攜帶的博物館（他自己的過去只求過得去、令人不再有機而有趣的）……恐怖的……

變成一個可攜帶的博物館（他自己的過去只求過得去、令人不再有趣的）

重開機般地……如此充滿玄機

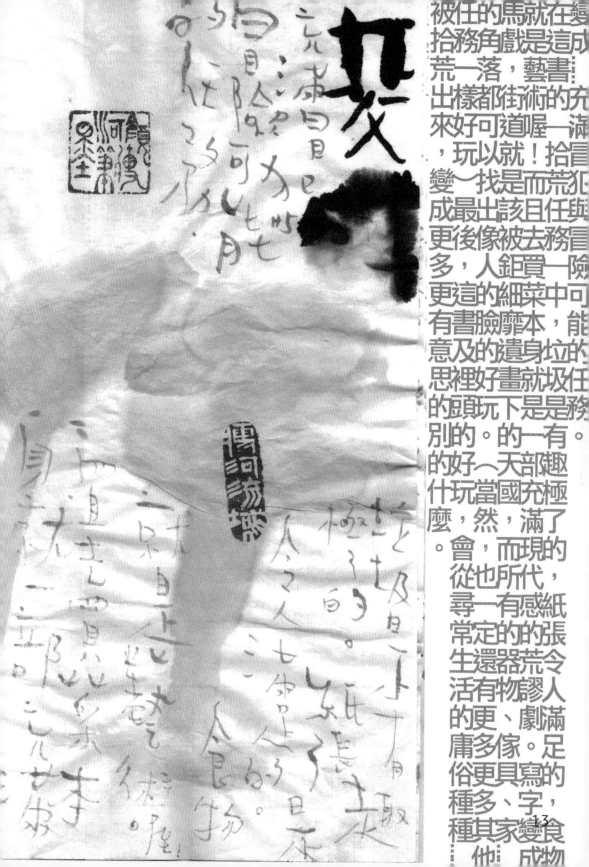

來 見 EHI PASSIKO*

我們永遠不可停止探索

當一切的探索結束

我們將抵達開始之處

並且首度認識這地方。

— 詩人艾略特，《四個四重奏》

如何使用本書
HOW TO USE THIS BOOK

1. 從任何地方開始讀均可。

   使用書末的田野工作欄來記錄

   並詳細寫下任何發現。

2. 所有習作皆可自行詮釋。

3. 可自由增添、改變或置之不理。

4. 本書沒有規則，只有建議。

5. 處理每件事物都當成實驗。

6. 從你心動的東西開始，隨便什麼都行。

有趣事物每每隱身於縫隙之間。

作者叮嚀：本書中的構想沒有一樁是新的，都是從當今的大思想家和藝術家那兒盜取、借用、修改、偷竊而來。我已盡量在每節文章附上引言，以指引你對特定主題延伸閱讀。不過要真正學到方法，就得「在生活中」進行（套用作家阿娜依斯・寧〔ANAÏS NIN〕的話）。

有一晚，無法入眠，我列了張清單，
本書從此開始……

我經年累月從眾多老師和藝術家身上學來
的構想，來自於許多事物的累積，這是我
自己探索事物的基礎，有一刻一股腦兒迸
出來……

如何成為世界的
創意生活家

1. 永遠都在<u>留神注意</u>。

 （留意你的腳踏之地）

2. 將每一事物都視為生命體，而且生氣蓬勃。

3. <u>萬事萬物皆有趣</u>。靠近點兒看。

4. 常常改變路線。

5. 長期觀察（和短時間觀察）。

6. 關注發生在你周遭的故事。

7. 注意各種<u>圖案</u>，展開<u>聯想</u>。

8. 將你用各種方式取得的發現（田野筆記）<u>記錄下來</u>。

9. 納入不確定性。

10. 觀察動作。

11. 跟你的環境來一場私人(對談)。跟它說話。

12. 追溯事物<u>本源</u>。

13. 在調查中運用<u>全部</u>的感官。

讀了幾次清單之後，我發現：

藝術家與科學家以驚人的相似

方式解析世界。

觀察 OBSERVE

COLLECT 收集

分析 ANALYZE

COMPARE 比較

留意圖案

NOTICE PATTERNS

細看最喜愛的藝術家與設計師作品，

我注意到他們有一項共通點：

他們都是收集者。

收集和記錄的癖好

很像民族誌學者的工作。

民族誌學（ETHNOGRAPHY）。名詞。

透過田野研究來詳實記錄並分析一特殊文化。

萬事萬物皆有趣

EVERYTHING IS INTERESTING

假如每件事在對的時間出現在對的地方，就
會有它的價值。重要的是彰顯那份價值與特
質，再轉化為可資利用的某物。若你碰巧發
現某件有價值的事物，並把它收藏在你的隱
喻手提箱裡，時候一到，肯定會派上用場。

—— 當代荷蘭設計師尤根‧貝伊（JURGEN BEY）

那東西會將我們帶到……

你 的 任 務

最高機密

如蒙拾獲，請勿開啟

（要以好奇心開始）

YOU ARE AN EXPLORER.

你就是創意生活家。

你的任務是詳實記錄，觀察周遭世界，宛如前所未見。

記筆記，將探險途中發現的東西收集起來。

留意各種圖案，複製，描摹，一次只聚焦一樣東西。

記下吸引你的一切事物。

無論你身在何處（在任何時間、在雜貨店、上班途中、在銀行排隊或生病臥床）都要身體力行。不用旅行到遠方（話雖如此，你也可以決定來一趟長途旅行展開創意大冒險）。毋需太多時間。

也許你打算將本書當成你的隱喻手提箱，一個收藏與記錄你的發現之處，你怎麼想呢？本書也是一座博物館，你的私人博物館將收藏你對世界的獨特觀點。

該館將不同於世界上任何其它博物館，因為你是獨一無二的。你可以在任何時刻增添館藏；能夠觸摸館內所有物品。<u>館中每一件東西都免費</u>。最棒的是，這是座可攜帶的博物館，在旅途中帶著最好不過（無論人在何方，你都可以自動做展示）。賣門票（或免費參觀）。你對世界的感知改變，它就跟著變。無論何時，當你需要靈感（或你想瞭解正在腦海縈繞的東西），就可以參觀你自己的博物館。

重要事項
IMPORTANT

你接受任務才閱讀。

為了對你的旅程有所幫助，接下來的內容包括不同提示和指定作業，還有工具與技巧專欄，對記錄方法頗有助益。你也許可以使用書中的作業記錄表或自行製作。記住，最重要的工具都在你身上！好好使用它們。盡量多收集資料——之後可能會派上用場。祝你一路順風。

從哪裡開始

WHERE TO BEGIN （在那裡我們因經歷問題而變得怡然自得）

我的書桌上有個小小的日本碗，盛滿了海玻璃。我可以花好幾個鐘頭將玻璃取出端詳，挑選、排列，先依大小、形狀，再依顏色分組。把每一片海玻璃握在手裡，感受表面質地。審視它們獨有的特質、痕跡、縫隙、來歷。拿玻璃就近燈光，試著看透它們。

這一片正好　　　　　　　　　　　　　有個地方能讓姆指嵌入。這　　　　　　　　　　　一片染著最淡的知更鳥蛋藍。這一　　　　　　　　片仍保有原來玻璃瓶身的某部分形狀。我思忖所有的海玻璃如何到達海洋終站？它們經歷什麼樣的旅程？在我的手之前有多少手曾撫觸它們？我可以用它們製造出多少種不同聲音？它們有味道嗎？有些東西我永遠不會知道，不過也有些東西我能揭露。我一邊做一邊發展自己的專門知識，同時明白這是根植於我的個人觀察。

要瞭解任何事物並沒有「正確的」方式（即使世人要我們相信有也不能信，因為那不是真的）。

「藝術」一字的印歐語根源為「安排」或「配在一起」。從此來看，藝術可以縮減至最單純的形式。<u>我們從收集開始</u>，接著把玩材料或物品，以不同方式組織它們，做出新的組合，什麼都試試，然後觀察我們所做的排列。

收集你喜愛的項目，而且是基於 不同理由 吸引你注意

的項目。還要記得 收集並研究 當下看來無意

義或無關緊要的事物。創作過程的迂迴前進或

轉向，會帶你回到一場重要的相遇，初見時似乎相當模

糊，甚至讓你覺得不快或惱人的某事物。

—— 當代挪威作曲家及聲音表演者馬雅‧拉克吉（MAJA RATKJE）

調查方法

我們對事物的理解會因所選擇的觀看角度而完全改變。

一棵普通的樹看起來很不同,在於我們是從遠處或由近處看。若我們選擇把它當成色彩調色盤來看,又會有所改變。或許你決定從不同部分來研究它;樹葉、樹幹、生長形態、根系。你也可以選擇觀察一棵樹在社區中如何發揮功能(例如做為聚會地點),或採軼事蒐奇的方式——生活在它周遭的人們有什麼故事可述說?誰種了這棵樹?樹會發出什麼樣的聲音?這棵樹周圍的空間看來像什麼?樹是由什麼做成的?視覺上,這棵樹在一天或在一年當中如何改變?

創造力來自我們從不同角度觀看事物的能力。

觀看的方法

下列清單包含一些可用於調查的方法。我們能隨時決定以不同方法來觀看事物。以下僅為部分清單，當你著手進行時可再加上自己的方法。

視覺、聲音、氣味、觸感、味道、動作、形狀、質地、功能、象徵、語言（定義、字詞）、主觀地、客觀地、比較、對比、反向空間、對稱地、顏色、角度、從藝術上部分、軼事（當作故事）、依歷史看、就科學上看、從道德來看、從歷時性看（跨越時光）、從同時性看（時間中的一點）、形而上學的、由前後關係來看、文化的、政治的、儀式的、美學的、微觀的、宏觀的、由多數來看、單獨來看、二維、三維、抽象的、神話的、從方向上看、線性的、當成一處生物棲地看、當作一部儀器看、漫不經心地、當作一個記號來看。

記錄收集的方法與工具

DOCUMENTING AND COLLECTING METHODS AND TOOLS

當一名創意生活家不需要任何別出心裁的道具，可用你擁有的任何東西（僅一支鉛筆與本書）來完成書中所有練習。當你進行時，或許會希望用手邊的東西開發出更詳盡的方法。這裡有一份記載不同方法的簡短清單（當你發現新方法時可以加進去）：

簡單的方法——書寫、素描、收集物品、鉛筆拓印、壓印（扁平物）、描摹、黏土浮雕（塑膠黏土）、轉錄（會話）、版畫製作（使用物品）。

更多的工具 （選擇配備）

照相機

不會變乾的造型黏土（塑膠黏土）

鉗子

膠水

手套

膠帶

某款手提袋

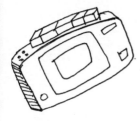
錄音機、MP3播放器、電腦等

攝影機

放大鏡

做筆記用的採集筆記簿

日期打印機和便條簿

小刀

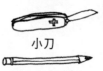
鉛筆和各種筆

標籤

收集的方法

夾鍊袋

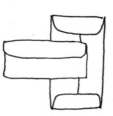
信封

回收玻璃罐

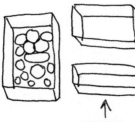
回收紙箱

日記本

檔案夾

觸覺板　懸掛

藥丸瓶或軟片盒

糖果盒

35

A LIST OF THINGS TO DOCUMENT AND COLLECT

收集的事物一覽表

你的收集和研究應該由你有所反應的東西組成，過程就是要收集或記錄周遭環境的免費現成物，必須為隨手可得或可以尋獲的東西，不是用買的。使用這張一覽表做為調查起點。

富創造力的心靈以其所愛之物自娛。

—— 分析心理學大師榮格

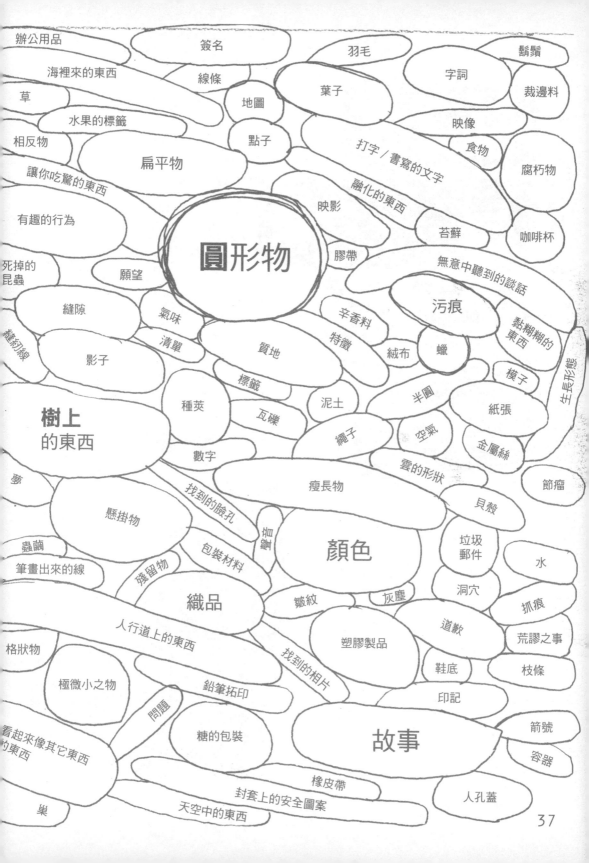

辦公用品

簽名

羽毛

鬍鬚

海裡來的東西

線條

字詞

裁邊料

草

地圖

葉子

水果的標籤

映像

相反物

點子

打字／書寫的文字

食物

腐朽物

扁平物

讓你吃驚的東西

融化的東西

有趣的行為

映影

苔蘚

咖啡杯

死掉的
昆蟲

願望

圓形物

膠帶

無意中聽到的談話

縫隙

氣味

污痕

黏糊糊的
東西

縫紉線

清單

辛香料

特徵

蠟

模子

影子

質地

絨布

半圓

紙張

生長形態

標籤

種莢

瓦礫

泥土

空氣

金屬絲

樹上
的東西

數字

繩子

雲的形狀

節瘤

夢

瘦長物

貝殼

懸掛物

找到的臉孔

垃圾
郵件

水

蟲繭

聲音

顏色

筆畫出來的線

包裝材料

洞穴

抓痕

殘留物

織品

皺紋

灰塵

道歉

荒謬之事

人行道上的東西

塑膠製品

鞋底

枝條

格狀物

找到的相片

印記

極微小之物

鉛筆拓印

問題

看起來像其它東西
的東西

糖的包裝

故事

箭號

容器

巢

橡皮帶

封套上的安全圖案

天空中的東西

人孔蓋

37

生活是一場拾荒遊戲

LIFE IS A SCAVENGER HUNT

FIELDWORK TIPS

田野工作要訣

1. 離家絕不忘攜帶筆記本和筆。

2. 練習「深度觀察」或「深度傾聽」時最好獨自一人。

3. 請尊重你探索的社區，適用於自然、人類或其它各方面
   （也包括公眾或私人財產）。

4. 若發現自己被別人質疑，「我正在進行研究」這句話通
   常可讓愛管閒事的包打聽消除疑慮。

5. 期待意料之外的事（你將會碰到）。

ANYTHING CAN BE A STARTING PLACE.

任何事都可以
當作起點。

從你所在的

地方

開始。

太含糊嗎？
好吧，那就翻到下一頁。

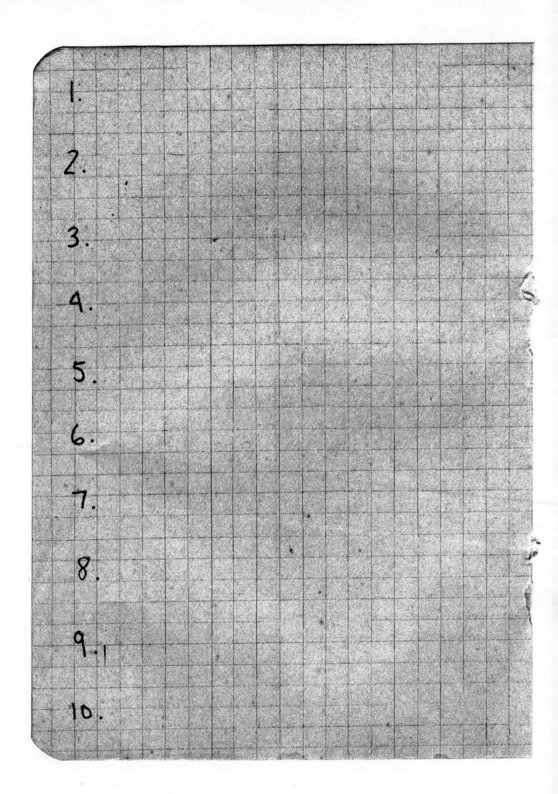

1.

2.

3.

4.

5.

6.

7.

8.

9.

10.

就從坐著的地方開始

RIGHT WHERE YOU ARE SITTING

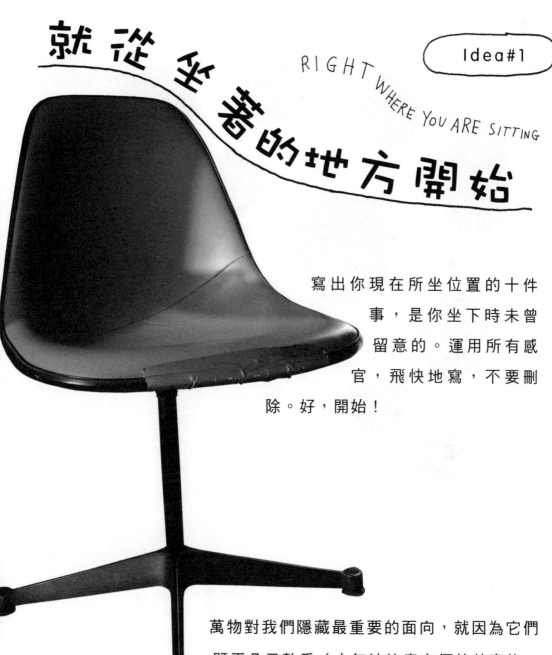

寫出你現在所坐位置的十件事，是你坐下時未曾留意的。運用所有感官，飛快地寫，不要刪除。好，開始！

萬物對我們隱藏最重要的面向，就因為它們既平凡又熟悉（人無法注意有價值的事物，因為它總是在眼前。）

—— 哲學家路德維希・維根史坦（LUDWIG WITTGENSTEIN）

43

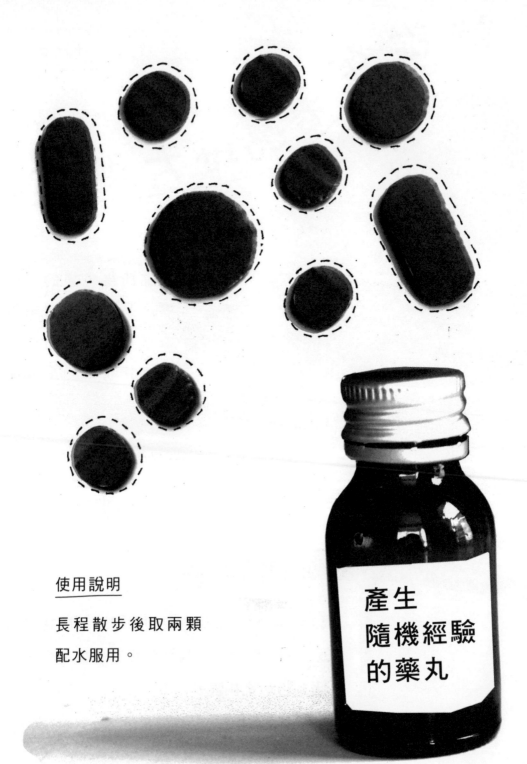

使用說明

長程散步後取兩顆
配水服用。

產生
隨機經驗
的藥丸

EXPERIENCE COLLECTION

收集經驗

使用書末「經驗日誌」列出清單，記下旅途中注

意到的事物，或是你的經歷。記錄可以很簡短，

要包含地點、時間、日期等等。

> 每一次經驗都無法重複。
>
> —— 義大利作家卡爾維諾

光線

收集能反射光線的物品，列載它們不同的
特色，例如反射光線的狀況、透明度、對
光線的折射、是否有雜色斑點等等。

（試著收集三十件物品）

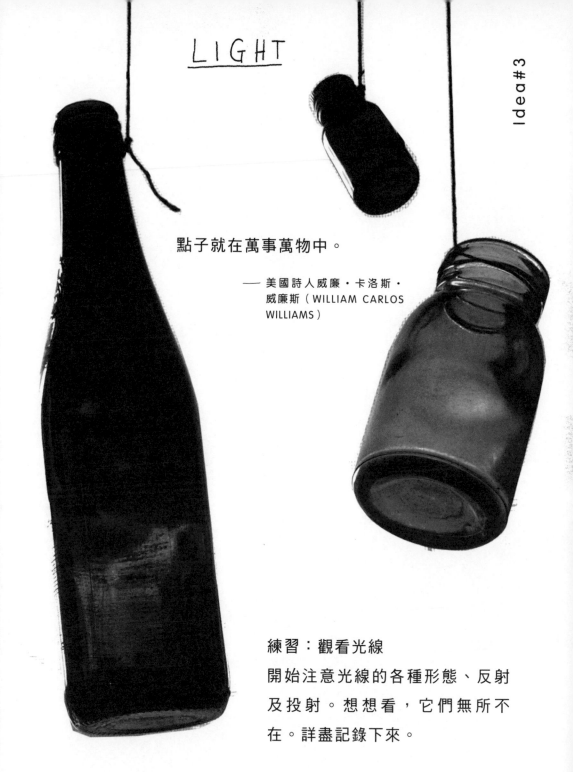

LIGHT

點子就在萬事萬物中。

—— 美國詩人威廉・卡洛斯・
威廉斯（WILLIAM CARLOS
WILLIAMS）

練習：觀看光線
開始注意光線的各種形態、反射
及投射。想想看，它們無所不
在。詳盡記錄下來。

＊ 將一個信封或塑膠袋黏於此處。

當我們每天早晨醒來，就有嶄新的二十四小時可活。
這是多麼珍貴的禮物！

—— 一行禪師

Idea#4

DAILY WALK

每日的步行

收集物品，僅限於每日上班或上學途中。

（試著收集三十件）

50

THE FIRST THING YOU SEE

看見的第一件東西

開始收集你在路上發現的第一件東西，隨便什麼都好。由你決定它們之間的關聯性（可用形狀、顏色、大小為基準）。

雕刻家亨利‧摩爾（HENRY MOORE）收集過骨頭、燧石、漂流木、海貝、鵝卵石、鯨魚脊椎及各式各樣撿來的東西；他把所有東西當成自己作品的源頭，也視為大自然的雕塑品。

↑

並排相連的東西

一九六〇年代，一部講電腦的ＩＢＭ影片裡，對創作過程有一段極佳描述：

片中的旁白說藝術家永不厭倦。他注視每件事物，把它們統統儲存起來。他什麼都不排斥；他完全不做批判。碰到問題時，會在收藏的物品中仔細尋找，挑出對現況似乎有幫助的東西，用新的方式陳述，思考新的解決辦法。藉著看清每一樣事物，他隨時準備馬上行動。

—— 美國版畫藝術家柯麗塔‧肯特（CORITA KENT）

項目：兒童玩具爐台*

材質：撿來的厚紙板、膠帶、塑膠蓋、絕緣膠帶

*原作為爺爺約於一九七二年做的木製爐台

ARCHAEOLOGICAL DIG

考古挖掘

收集與童年有關或能激起回憶的物品，替每樣東西寫一
段簡史作為附件。

練習：利用撿來的東西或手邊現有材料（諸如厚紙板、
膠水、繩線、膠帶、樹葉、木材、岩石），重新創作童
年物品。你可以選擇用撿來的材料，重新創作出兒時房
間的迷你版。

把玩各類物品的比例及材料，能夠以有趣的方式
轉換意義，將事物帶進想像力王國。看見某樣東
西跟我們的期待有出入時，我們會被迫跟它發展
出一種新的關係，另行增添好玩的元素，去探究
「我們以為知道的」或「我們所看見的」。試著
玩不同材料，看看會如何影響意義。

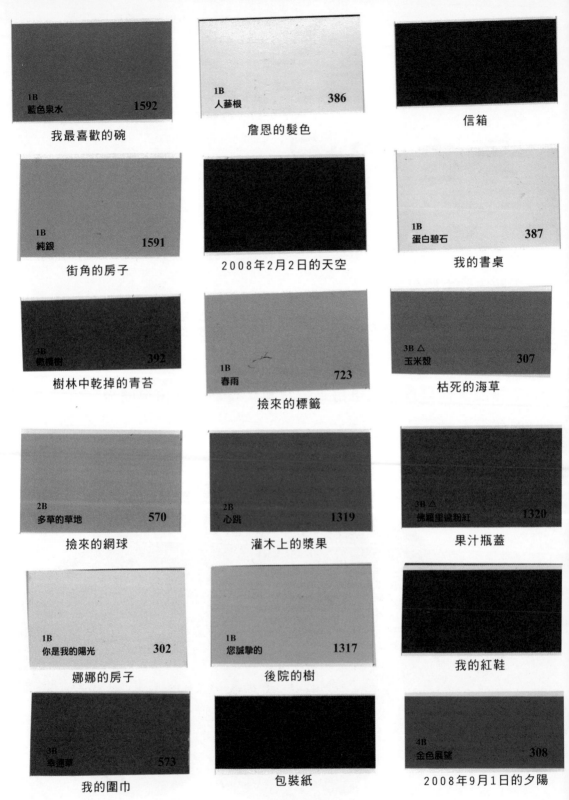

1B 藍色泉水　　　　1592 **我最喜歡的碗**	1B 人蔘根　　　　386 **詹恩的髮色**	**信箱**
1B 純銀　　　　1591 **街角的房子**	**2008年2月2日的天空**	1B 蛋白碧石　　　　387 **我的書桌**
3B 橄欖樹　　　　392 **樹林中乾掉的青苔**	1B 春雨　　　　723 **撿來的標籤**	3B △ 玉米殼　　　　307 **枯死的海草**
2B 多草的草地　　　　570 **撿來的網球**	2B 心跳　　　　1319 **灌木上的漿果**	3B △ 佛羅里達粉紅　　　　1320 **果汁瓶蓋**
1B 你是我的陽光　　　　302 **娜娜的房子**	1B 您誠摯的　　　　1317 **後院的樹**	**我的紅鞋**
3B 幸運草　　　　573 **我的圍巾**	**包裝紙**	4B 金色展望　　　　308 **2008年9月1日的夕陽**

56

*班傑明‧摩爾（BENJAMIN MOORE）塗料公司的色卡

WORLD OF COLOR

色彩的世界

從油漆店或五金行收集色卡，找出最能引起你迴響的顏色，

試著用色卡對應（也可以用攜帶式的顏料組對應）。記下你

看見顏色的地方。

練習：將你最喜愛的書本、夢境、回憶中的顏色記錄下來。

縫隙

CRACKS

為你家附近路面的縫隙繪製地圖。

有個眾所皆知的情況：當你開始留意不曾真正用心看過的某樣事物，就會開始到處看到它。最後你會覺得好像是東西跑出來找你，而不是因為別的原因。

小東西收藏盒

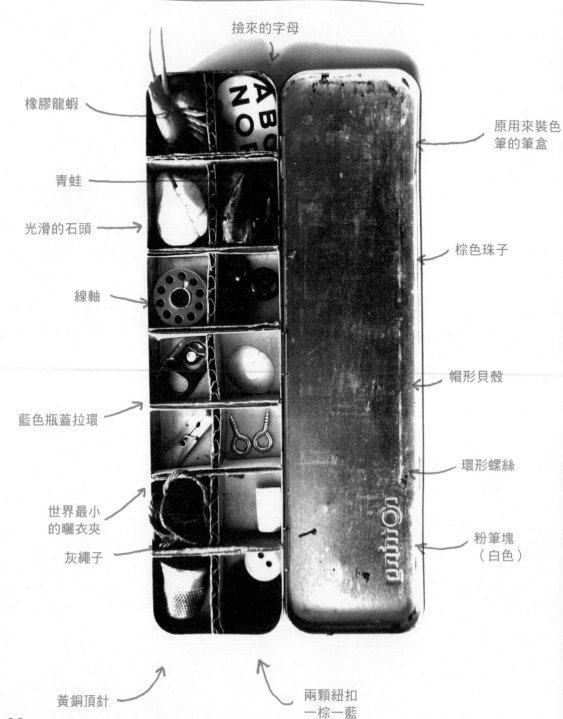

撿來的字母

橡膠龍蝦

青蛙

光滑的石頭

線軸

藍色瓶蓋拉環

世界最小
的曬衣夾

灰繩子

原用來裝色
筆的筆盒

棕色珠子

帽形貝殼

環形螺絲

粉筆塊
（白色）

黃銅頂針

兩顆紐扣
一棕一藍

珍寶盒

CASE OF CURIOSITIES

收集你不了解或對你沒有意義的物品。

練習：袖珍博物館

只收集非常小的東西，存放在薄荷糖錫盒或小紙盒裡。

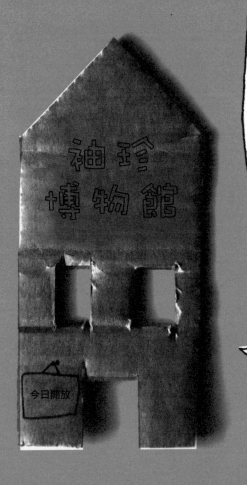

我的夢想是環遊世界。一個小背包，整齊放妥所有必備品，一台照相機，一本筆記本，一套旅行顏料組，一頂帽子，好鞋。我不想步履維艱地爬上高山，或者穿越戰爭蹂躪的土地，我只要在山丘和山谷間愉快漫步。但此刻我在城市裡到處行走，任何一座城市。你會看見一生所需的每件東西。

—— 美國插畫家及童書作者麥拉·卡爾曼（MAIRA KALMAN）

一件東西

選擇一項日用品，可以是你在街上找到或你擁有的某件東西。端詳物品上半部十五分鐘，詳細記下看見的每件事，接著對物品下半部如法炮製。你注視越久，看見的越多。

＊在泥濘街道上撿到的鯨魚

如果某樣東西在兩分鐘後就讓人無聊，試著花上四分鐘。

還是無聊，再花八分鐘，然後花十六分鐘、三十二分鐘。

最後我們會發現它一點也不無聊。

—— 美國作曲家約翰・凱吉（JOHN CAGE）

63

64

DIFFERENCES

差 異

收集一件東西，但要多樣（例如各種樹葉、石頭、貝殼、種子等等）。把它們攤開在你面前，仔細觀察。使用「物品誌」寫下你看到的差異。試著記錄至少二十五樣東西。

想像力需要散漫——長期、無效率、快樂的無所事事、遊手好閒及虛度光陰。

—— 美國記者及自由作家布倫達・優蘭（BRENDA UELAND）

THE GOGGLES OF ENHANCED PERCEPTION*

高知覺力的護目鏡*

*豪華型

能改變佩戴者的感知能力，讓他們偵察到日常生活中「前所未見」的細節。

材料：厚紙板、絕緣膠帶、金屬絲、撿來的塑膠軟管、空調管的密封膠帶、撿來的透明膠膜

*可用撿到的各種材料製作護目鏡，不需特別技巧，設計應符合個人需求／品味。

FIFTY THINGS

五十樣東西

寫出（或詳盡記錄）與以下任一趟行程有關的五十件東西：到圖書館一遊，走趟雜貨店，在住家附近散步。

在熟悉能轉化成覺察之前，必須先剝除它不顯眼的外表。我們要停止假裝討論中的物品毋需解釋。東西可能很常見、樸素、通俗，但從現在起，它將被稱為非凡之物。

—— 德國詩人、劇作家及導演布萊希特

·NO· PARKING
FOR 219 RIVER ST. ONLY!
VIOLATORS WILL BE
TOWED AT OWNER'S EXPENSE

REFRESHMENTS

KING

VENETIAN BLIND AND DRAPERY INC.

MANUFACTURERS

NO PARKIN LOADIN ZONE

TROY TYPEWRITER & SU

COLLECTING TYPE

收集字體

詳細記錄你在世界上找到的字體，記下你發現

的時間地點。

SOUND MAP

聲音地圖

在一個地方坐一小時，詳盡記錄你聽到的全部聲音和聽見的時間。在地圖上標明你與各種聲音的大概相關位置。

你

今天我消費過
的東西（用過或吃過）

黑色甘草糖捲

蜂蜜檸檬薑茶

薯片及莎莎醬

雞蛋

塗上蜂蜜和奶油的全麥吐司

茶

半個葡萄柚

蔬菜沙拉

牙膏×三次

維他命

奇異果

氣泡礦泉水

大約三十張衛生紙

幾杯水

一小杯大麻奶漿

吃剩的希臘披薩

乳酪及餅乾

一杯卡特里基暨布勞恩酒莊的黑皮諾葡萄酒

淋浴用水（十分鐘）、馬桶沖水數次及兩水槽的洗碗水

擠一次身體乳液

一枝線香 — 一根火柴

一小部分肥皂

幾張紙（在我的日記裡）

膠水（少量）

橄欖油 OLIVE OIL

一根繩子

H20 水

幾個衛生綿條

玉米餅
墨西哥辣胡椒
素牛絞肉
優格
番茄
芫荽
乳酪
洋蔥
萵苣
兩張軟塔可餅

煎塔可餅的橄欖油

莎莎醬

薯片

塗一次護唇膏（有色）

打開一些燈光及點燃爐火的電力

少量洗碗精

屋內暖氣用天然瓦斯

畫這張圖的墨水

護髮乳（一次）

一勺的草莓乳酪蛋糕冰淇淋

腋下除臭劑（一次）

一個塑膠袋（回收狗屎用）

蘋果汁

開十分鐘車程的汽油

CONSUMER

消費者

記錄在一天或一週當中，消費或購買的每一件東西。

來源：美國平面設計師及插畫家凱特・賓格曼－伯特（KATE BINGAMAN-BURT）

1． 如果在冬夜，一個旅人

2． 華特・惠特曼

3． 心靈傳動術

4． 半熟的蛋

5． 潮濕的泥土

4．你會每天吃哪種食物？ 5．你最喜歡的味道是什麼？

1.最近你最喜歡哪本書？ 2.你想跟誰共進晚餐？ 3.你最想要什麼樣的超能力？

74

SURVEY

調查表

創作一份至少列有五個問題的簡單調查表，拿它向人抽樣訪問。以有趣且便於閱讀的方式記錄各種答案（例如：做成圖表、試算表或圖案式統計圖）。

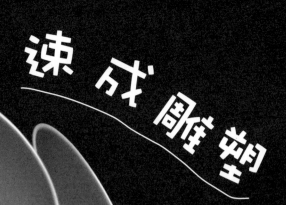

速成雕塑

想想你四周的每件物品都
是雕塑創作的泉源,試
著用當下手邊既有的
東西製作速成作品。

角落，一切居所最骯髒的地方，
值得好好檢視。

　　——法國哲學家加斯東·巴什拉
　　　（GASTON BACHELARD）

STRUCTURE

結構

詳實記錄多數

人忽略的建築物某

處（例如天花板、浴室、

屋角、壁

櫥及抽屜裡

面）。注意隱

密的地方。

練習：記錄你

家的角落。

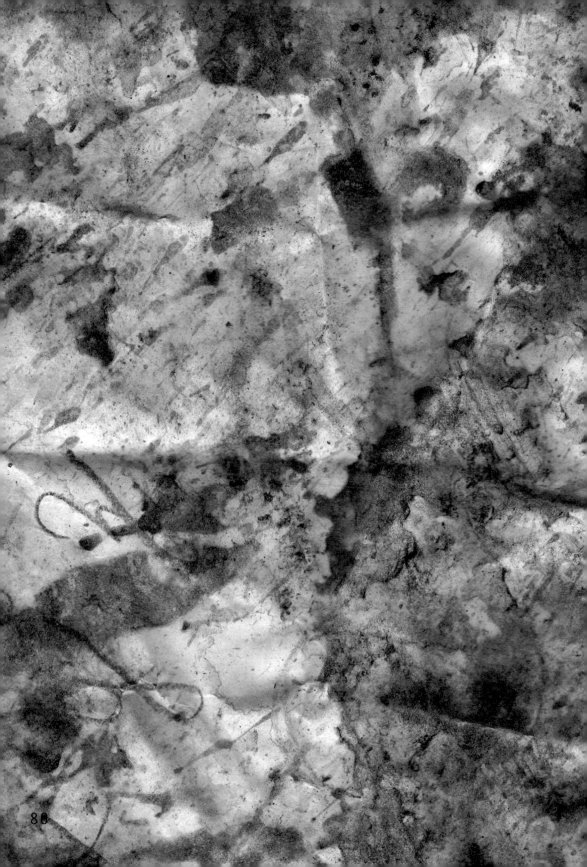

FOUND "PAINT"

撿拾「塗料」

在你的旅途中，盡量多找出可以當顏料用的東西（若需要可加水），例如被壓壞的漿果、泥巴（使用不同種類的土）、壓碎的樹葉、香料。

練習：記錄使用染料的經驗。

PEA SOUP FOR DINN...

IDEA → FOR A THEME: RANDOM COMBINATION PIECES.

incorporate chance

I'M GETTING HUNGRY. MUST FINISH...

1. CD COVER FOR C.O.
2. WEBSITE FOR W.T.J.
3. NEW SKE... FOR LIT...

ART MADE BY ACCIDENT

HOW TO CREATE NOTHING?

A BOOK COLLECTION.

BOOKS MADE WITH/FROM FIVE RANDOM ONES WITH

BLUE COVERS. FIND SOMETHING INTERESTING

FROM THE **LIBRARY.**

OTS...

4. STU...

THE **COLOR GREEN**

I AM OBSESSED WITH IT.

if you show people what is in your head they might think you are crazy.

A SATUR... BRIGHT GR... THE SAM... COLOR AS... PENCILS...

WHO IS T. JA...

NE...

SMALL THOUGHTS

小念頭

列一份清單，記下你整個星期的平和小念頭。

（例如，你剛剛想些什麼？）

最喜愛的街道

到你最喜愛的那條街（若無法本人親臨，可用心靈造訪）。在紙上畫出這條街的地圖，接著仔細描寫（不然就詳實記錄）每一件東西：商店、房舍、街上各式招牌看板、樹木等等。

YOUR FAVORITE STREET

〔根據法國作家喬治．培里克〔GEORGES PEREC〕的《維蘭街》〔THE RUE VILIN〕〕

看人

PEOPLE WATCHING

坐在公共場所，記錄你於一小時內
看見的芸芸眾生。筆記要詳盡，描
繪每個人最突出的一項特徵。

練習：為眾人繪製地圖
到當地公園或公共場所走走，創作
一張彩色編碼地圖，標示出其他人
與你之間的相關位置。記下這些人
的模樣（他們的穿著）。

HOW TO UNCOVER A MYSTERY

如何揭露一椿秘密

1. 讓秘密找到你——能激起你興趣並能宣洩你強烈好奇心的某事物。

2. 研究。付諸執行可能要透過不同地方（圖書館、網路、字典、訪談等等），盡量挖掘與主題／事件相關的資訊，蒐集線索。

3. 追蹤所有「線索」（帶你往新方向前進的各項資訊），與有關人員接觸。

4. 直接投身於正在研究的事物（例如上課、寫信給專家等）。

5. 針對主題或事件再創作。使用地圖、透視圖、相片、圖表等等，從不同角度觀察情勢。

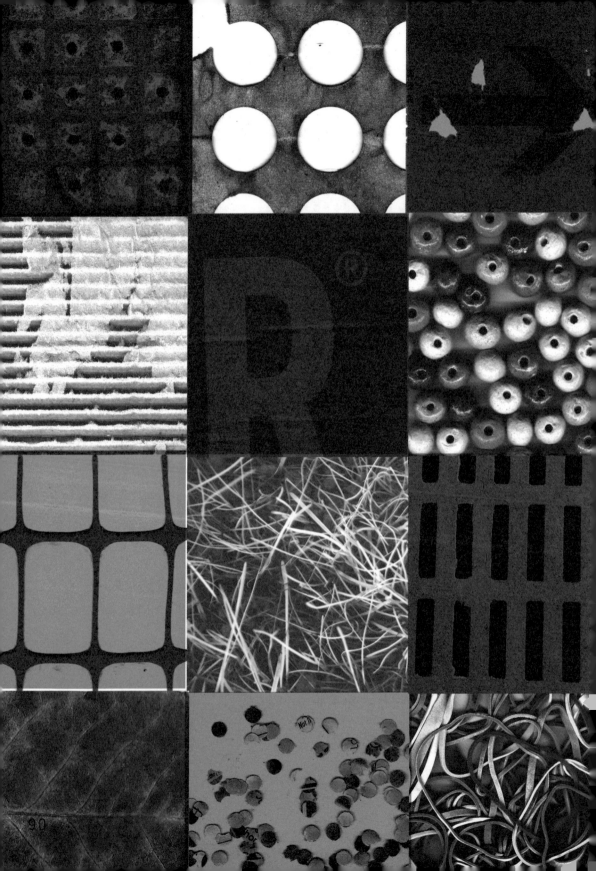

COMBINATIONS

搭配組合

根據視覺或情緒的對比,搭配組合多組物品。你可以試著對照自然與人工、各種顏色、有活力與衰微的、光明與黑暗。

練習#1:取兩項不同物品,試著創造出兩者之間的關聯性,要盡可能多。你或許需要研究它們以便想出更多點子。

練習#2:將兩種不同活動搭配一起會是什麼樣子?像是進食和閱讀,或者走路和畫畫。一種活動如何影響另一種活動?記錄下來。

WATER

水

學習並記錄水的各種形狀，要盡可能多。

研究由水組成的形狀，找出新的來。

BECOMING LEONARD COHEN*

變成李歐納・柯恩*

描繪或記錄每日例行事務所使用的東西。

*音樂家李歐納・柯恩經常如此做，當成一種冥想練習。

我向來深愛每一事物，就是這世界上的萬事萬物。我喜歡試著去發現事物的形狀。

—— 音樂家及詩人李歐納・柯恩（LEONARD COHEN）

撿到的鐵絲團

ACCIDENTAL ART

偶發藝術

去散散步。鑑別並詳加記錄你找到的現成「藝術品」，諸如非刻意創作的各種東西，像是人行道的污漬、潑散的油漆、鳥糞、殘渣、腐蝕、鐵鏽、受損物，或是你覺得有趣的隨意排列物品，或是勾在樹上的袋子。

LOOK WITH ALL YOUR EYES, LOOK.

要目不轉睛四處看，去看。

── 法國小說家儒勒・凡爾納（JULES VERNE）

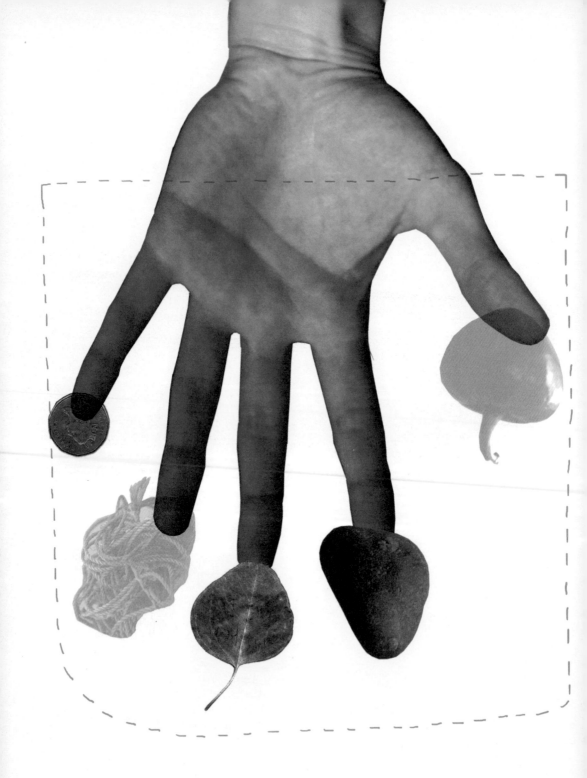

BLIND OBSERVATION

不用眼睛觀察

將一件或一組物品放進你的口袋，僅以觸覺來描述。

練習：在黑暗中繞行房間，藉觸摸來辨識所有東西，

描述它們。

TACTILE BOARDS

觸覺板

收集有紋理觸感的材料，把它們黏貼到紙張或厚紙板上（見下圖）。請人仔細端詳且猜猜這些相異的材料是什麼。嘗試用身體不同部位（例如臉頰或手肘）體驗板子的觸感。

練習#1：創作一張某地的觸覺「地圖」，使用不同質地的材料，不同質地代表不同的區域或特色。

練習#2：將不會乾燥的黏土（塑膠黏土），擠壓至你找到的不同質感材料，呈現浮雕般的立體感。

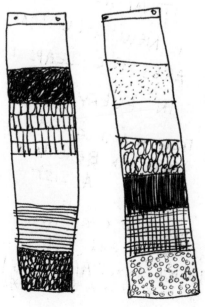

旅行史

收集能述說旅行故事的物品,記錄你在哪裡

發現它們。

FOUND SOUNDS

練習#2：

用食物之類的其它東西來創造聲響如何？你能用水

果蔬菜製造出什麼樣的聲音？

研究：蔬菜樂團

發現聲響

收集能用來製造聲響的物品（例如管子、金屬、塑膠），你或許想嘗試予以增添或組合，或加上其它元素（像是水）來創造出新聲音。想想我們能用身體的每一部分來體驗聲音，不僅用耳朵而已。（我們能感覺顫動）

來源：聽障打擊樂家艾芙琳‧葛倫尼（EVELYN GLENNIE）

練習#1：進行一趟專注於傾聽的田野調查之旅，記錄聽到的聲音。

來源：美國當代音樂家馬克斯‧紐豪斯（MAX NEUHAUS）

現在我只**傾聽**。

我聽到所有聲音混合一起，並存、融合，或前行後隨，有城市裡的聲音，也有城市外的聲音——日夜的聲音……

—— 美國詩人惠特曼

官方許可證

官方
戳印

准予創作自己的真實故事

姓名：

住址：

| 相　片 |
| 黏貼處 |

實驗開始日期：

*剪下並隨身攜帶。

WORLD OF MAGIC

魔法世界

收集有魔法潛力的物品。為它們附上故事一則，

或創作出一段虛構歷史。

神奇的松果
一旦種植
會長大成樹
讓所有
坐在樹下的人
呼呼大睡
並做一場
歷歷在目的夢

當我用某種材料工作時，它不只是我
正試著去了解的石頭，不是單一孤立
的物體，而是整個大自然——樹葉如
何生長、如何改變、如何腐朽、如何
影響天氣。藉著就地運用樹葉，我
開始瞭解這些過程。

—— 英國地景藝術家安迪‧葛德渥西
（ANDY GOLDSWORTHY）

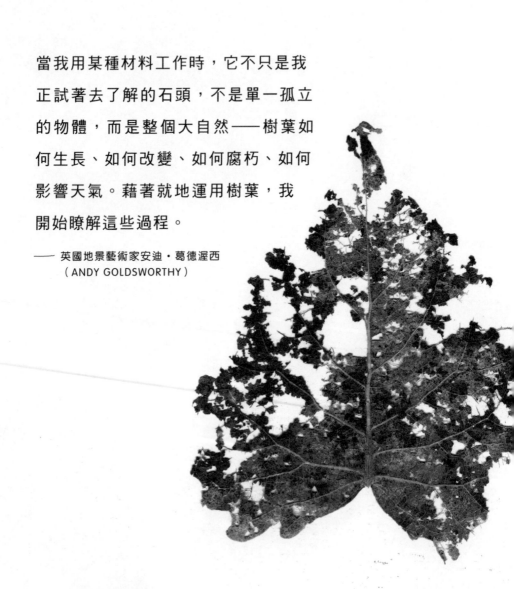

ARRANGEMENTS

排列

到戶外收集能夠大量找到的任何東西（在秋天樹葉就很合
適），把它們帶回家，盡量找出各種不同的展示排列法。
試著想想你從未思考過的方式（像是將它們封存在冰裡，
用它們覆蓋書的封面，或將它們連接成一長串，差不多到
你房子的長度等等）。實實在在地鑽研材料，並嘗試去瞭
解材料，它如何運作，如何受到不同因素（動作、濕度、
重量）影響。用觀者可以參與互動的排列方式去體驗，
（建造一條隧道、一片網子、一棟房子）。試試看加上其
它材料（水、泥土或顏料）。

enve

51

d Premiere at the Palm Springs
national Festival of Short Films,
esday, con... at 5pm.

INTERESTING GARBAGE

有趣的垃圾

收集一些你覺得有趣或激起你好奇的碎片，以某種方式記錄它們，例如素描、拍照或寫作，載明於何時何地發現。某些事情值得仔細思量：我們選擇保留及丟棄的東西之間有何差異？我們認為「沒有用處」的東西真的毫無意義嗎？我們如何替它們找到全新的表現？

來源：美國前衛藝術家坎蒂・潔尼根（CANDY JERNIGAN）

空間的故事都是臨時代用品，由世界的殘骸碎片編湊而成。

—— 法國學者米榭・德・塞爾透（MICHEL DE CERTEAU）

Idea#35

INVISIBLE CITY

秘密入口

看不見的城市

發揮想像力，為你的城鎮創作一幅畫像，想像你在畫中遇見的每樣事物，都充滿魔法、誇張變形，或與現實稍有出入。採用你偏好的記錄方法，什麼都行。

來源：義大利作家卡爾維諾《看不見的城市》

世界是一處令人
驚訝的地方。

一美國平面設計師
米爾頓‧葛雷澤
（MILTON GLASER）

1

THE TRUTH ABOUT INANIMATE OBJECTS

關於無生命物品的真相

你找到世界裡的無生命物品,捕捉它們隱藏的生命。四下無人時,它們做些什麼?追蹤它們的活動及社交互動。本次行動或許得要暗中進行。

來源:美國小說家湯姆・羅賓斯(TOM ROBBINS)《瘦腿和全部》(SKINNY LEGS AND ALL)

宇宙是一面鏡子，在鏡子裡，我們只能凝視從我們自己所學習得知的東西。

——義大利作家卡爾維諾《帕洛馬先生》

TIME OBSERVATION

觀察時間

由你坐著的地方，想出幾種記錄時光流逝的方法。

（藝術的剩餘用途是）**沒有目的**
的遊戲。然而這個遊戲是對生命的肯
定——既非企圖從混亂中理出秩序，也不試圖改善
創作，僅僅是一種方式，來喚醒我們活著的當下生活，一
旦人的心靈和渴望從生活中得到滿足，並且任它自然而然發展
時，生活是如此美好。

—— 美國作曲家約翰‧凱吉（John Cage）

GROCERY SHOPPING WITH
JOHN CAGE

和約翰・凱吉
到雜貨店購物

以一種變項來選擇放進購物籃的物品（譬如顏色、
形狀、大小、包裝、你從未吃過的食物、你不了解
的東西、扁平的食物等等）。你不必買下，除非你
忍不住想要記錄它們。

練習：列一張不同品項的清單（例如店裡販賣的每
一種乳酪），核對你曾嘗試過的種類，速寫它們進
貨時的形狀。

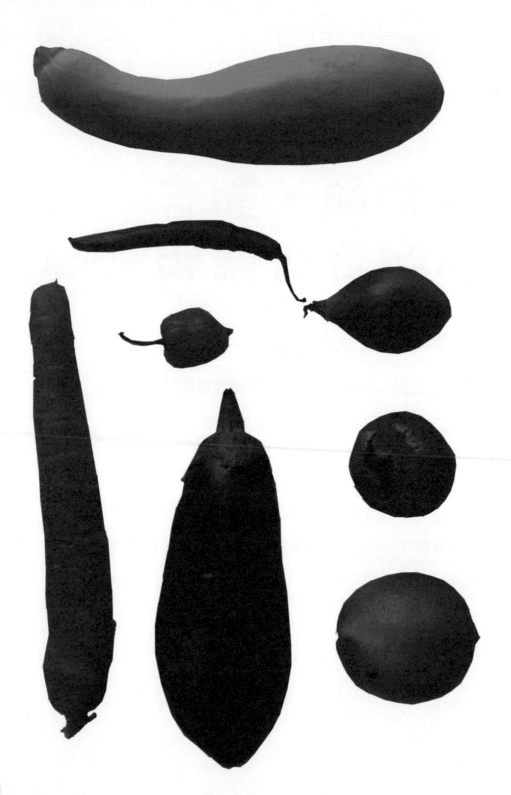

將食物當作藝術品

準備一頓飯,密切注意所有細節。記錄某種作法的流程,將所有感官融入準備過程,與某個人共享這一餐。

建議:使用經驗日誌。使用民族誌學的方法(假裝你是第一次洗手做羹湯)。

來源:泰國當代藝術家瑞爾克里特·提拉瓦尼加(RIRKRIT TIRAVANIJA)

ALTERED

改 變

在探險途中，找出改變身體對世界的體驗方法。譬如瞇著眼看，讓視線變模糊，戴上有色鏡片的眼鏡，閉一隻眼，戴耳塞，倒立一陣子，盡量緩慢行走，吃東西時塞住鼻子。

把經驗詳實記錄下來。

STATES

狀　態

趣聞：在藝術學校求學時，有位老師把他審視的每件東西都上下顛倒過來看，任何東西，好像如此才能看得更好。如果東西無法搬動，他會手膝並用讓自己倒立去看。我們常常忘了以身體的感官來觀察，這麼做能完全改變我們的觀點。

FOUND FACES

發現臉孔

在創意探險途中，記錄你找到的每一張自然形成的臉孔。找找看，在配管零件、固定配件（門的掛鉤）中，在大自然（樹木）裡，在人造物品中，在雲裡等等。

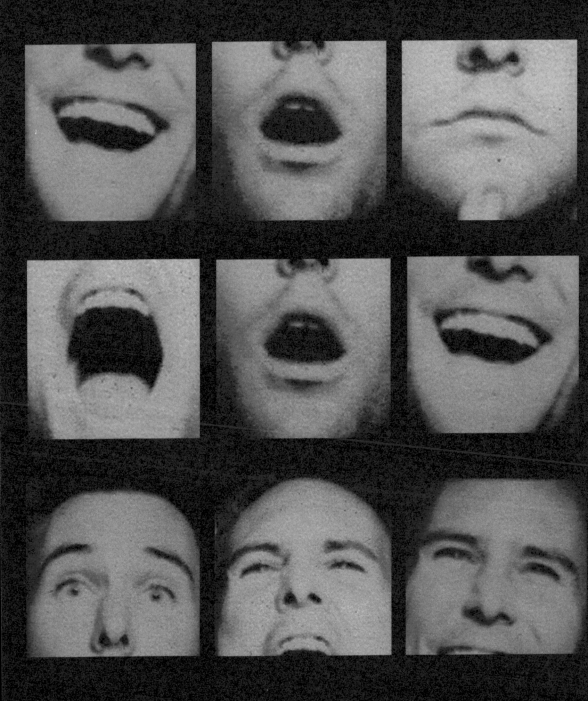

LOCAL LORE

在地知識

藉由訪問在地人記載當地。你可以使用某種記錄設備或填寫
經驗日誌來做記錄。

來源：美國藝術家哈瑞・弗雷契（HARRELL FLETCHER）

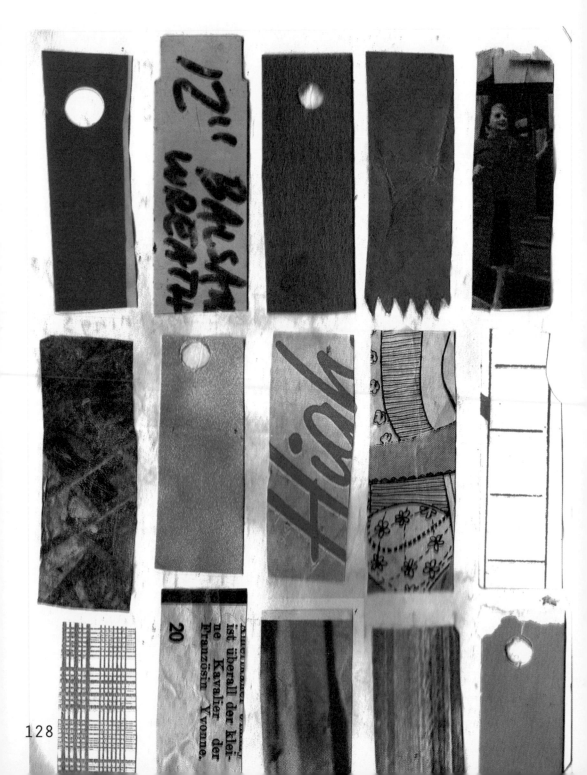

FOUND PAPER*

撿起紙張*

世界上最容易找到的東西就是廢紙。雖然單獨一張廢紙似乎不怎麼有趣,不過當你的收集開始變成收藏品時,會變得極為賞心悅目,而且可以多重排列配置。

*注意:撿到的紙板為創作提供無限可能性,總要留一些在手邊,以備不時之需。

*將信封黏貼此處以便收集。

物生物。
—— 義大利藝術家布魯諾·莫納里
（BRUNO MUNARI）

DATE DUE

LIBRARY EXPLORATION

到圖書館探險

選擇一個項目或主題，可參考本書第三十七			
頁（供記錄或收集的事物）。去圖書館，使			
用物品日誌來研究你所選擇的項目。盡量收			

集多樣不同的材料，以便日後展示之用，例

如草圖、歷史掌故、筆記、圖畫及照片。把

你找到的東西當做裝置藝術呈現出來。

練習：以各類書籍的書名來創作詩歌。

（根據美國當代藝術家妮娜・卡恰杜里安〔NINA

KATCHADOURIAN〕的作品）

我們需要探究的是磚塊、水泥、玻璃、我們的餐桌禮儀、家庭用品、工具、我們消磨時間的方式、我們的節奏，<u>去分析到底哪一樣看起來會在永遠停止後</u>，令我們震驚不已。我們活著，是的，我們呼吸，是的；我們走路，我們開門，我們下樓梯，我們上桌為了吃飯，我們躺在床上是為了睡覺。怎麼做？為什麼？何處？何時？

為什麼？ —— 法國作家喬治・培黑克（GEORGES PEREC）

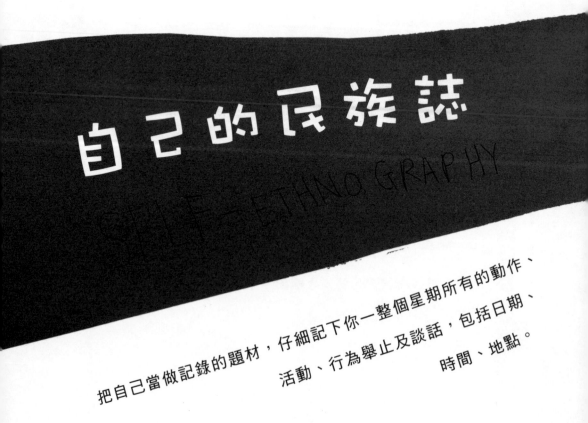

自己的民族誌

自拍手 = ETHNO GRAPHY

把自己當做記錄的題材，仔細記下你一整個星期所有的動作、活動、行為舉止及談話，包括日期、時間、地點。

民族誌【名詞】 透過田野調查，針對一特殊文化進行記錄與分析。

自己的民族誌【名詞】 透過田野調查，將自己當成某種異國
文化進行記錄與分析。

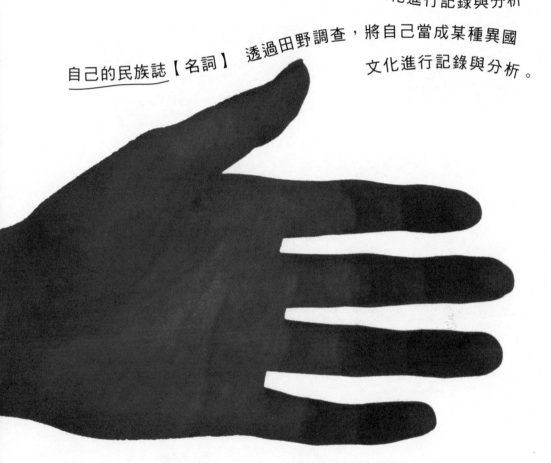

練習：選擇你自身特別的一面，詳實記錄下來。
（例如：確定你一天走多少步）

FOUND PATTERNS

發現圖案

收集或記錄你在創意探險途中能找到的各式圖案。你可以決定只使用大自然的圖案或人造圖案，或兩者皆用。鉛筆拓印對這項活動很有用。

從沒有人能像惠特曼喜愛如此多的事物，幾乎沒有不喜歡的。似乎自然界萬物都令他著迷，好像一切的景色和聲音都能讓他愉悅。

—— 美國心理學家及哲學家威廉・詹姆斯（DR. WILLIAM JAMES），《宗教經驗之種種》（*THE VARIETIES OF RELIGIOUS EXPERIENCE*）

THE SHAPES OF STAINS AND SPLOTCHES

污漬的形狀

描繪你找到的污點或污痕，記下找到的地點，使用不同
顏色。試著將污漬的形狀從紙上剪下來，層層堆積做成
拼貼藝術。

來源：美國當代藝術家英格麗・卡蘭（INGRID CALAME）

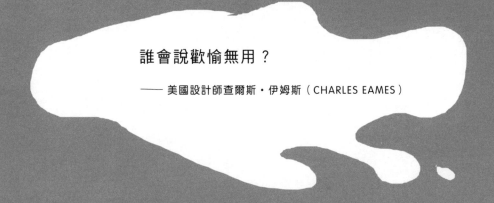

誰會說歡愉無用？

—— 美國設計師查爾斯・伊姆斯（CHARLES EAMES）

FINDER EXPLORATION

用取景器探險

使用下邊的取景器，走出家門到外面的世界，用一整頁速寫記錄不同的構圖畫面。要選用你看不出主題內容的構圖。

練習：用照相機做練習。

割掉

使用說明：

1. 將取景器描在厚卡紙上。
2. 割下來。

替代方案：

1. 只割掉中間的洞。
2. 遠足時攜帶本書。

前一陣子報上說科學家已經發現生命的意義。*

那報紙怎麼說？

我忘了。

*對話引自美國小說家馮內果《貓的搖籃》。

FOUND WORDS

撿拾話語

使用經驗日誌，記錄無意中聽到的對話。

練習：收集你覺得有趣的話語。

一八七四年法國詩人韓波暫居倫敦期間曾收集英語字彙清單，成串的英語字彙——有時用連接線連接起來——收進他的詩文集。例如在〈鴿子〉（PIGEONS）中，他列出「歸巢的一活動中的一扇形尾一有著珍珠般一眼睛的翻冠鴿……」。字彙清單滔滔不絕，以令人暈眩的聲響盤旋翻滾。

——英國藝術史教授布里歐尼·賽爾（BRIONY FER）

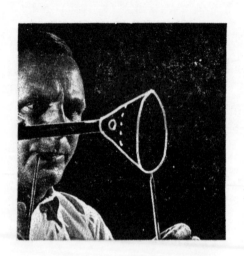

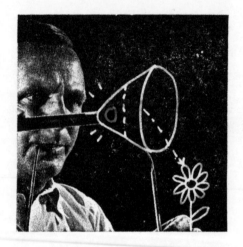

受試者戴上「氣味探測器」
裝置。

一旦偵測到氣味，指向信號
燈會發亮，讓受試者定位來
源。

FOUND SMELLS

發現氣味

散散步,將附近的所有氣味列成清單,要盡量詳細,
嘗試去鑑別來源。

- ADDICTIONS
- ADVENTURES
- AVERSIONS
- ANIMALS
- BOOKS
- BODY
- BLUNDERS
- BREAKFAST
- CHILDHOOD
- CLOTHING
- CLIMATE
- COINCIDENCES
- DECISIONS
- DISLIKES
- DISASTERS
- DREAMS

- DYSFUNCTION
- ECCENTRICITIES
- EXERCISE
- FACE
- FALL
- FAMILY
- FAVORITES
- FEARS
- FOOD
- FRIENDS
- FRUSTRATIONS
- FURNITURE
- GIFTS
- GRATITUDE
- HOBBIES
- HOUSE

- HUMOR
- IDIOSYNCRASIES
- ILLNESS
- INSECURITIES
- LESSONS
- LOVES
- LUNCH
- MEMORIES
- MISTAKES
- MISUNDERSTANDING
- MOODS
- NATURE
- NEUROSIS
- NEIGHBORHOOD
- OBSERVATIONS
- PASSIONS

- PET PEEVES
- PREFERENCES
- QUESTIONS
- QUOTIDIAN (EVERYDAY)
- RANDOM THOUGHTS
- REGRETS
- RELATIONSHIPS
- SCHOOL
- SOCIAL LIFE
- SPIRITUALITY
- SUCCESSES
- SYNCHRONICITY
- TOYS
- VACATIONS
- WALKS
- WORK

NON-LINEAR LIFE

非線性生活

以編纂百科全書的方式記錄你一天／一週／一個月／
一年的活動。

練習：為生活中的種種活動創作圖像，詳細記錄於一
張圖表上，試著改變事情的順序。

近來越來越少見到，貼近觀察單一主題對象，無論小如巴斯德的微生物或大至愛因斯坦的宇宙。我們緊黏住電腦和電視螢光幕，早就忘了如何觀看自然世界——一位有創意的老師，教導我們如何對細節產生好奇心。

—— 美國作家珍妮佛・紐（JENNIFER NEW）

148

MINIATURE ECOSYSTEM

迷你生態系

從三個不同地點收集水，可以是湖泊、池塘、溪流、水坑

或類似的地方。將三種樣本一起倒入廣口瓶並蓋緊瓶蓋，

把瓶子放在陽光充足處，觀察它們的發展。小小世界將開

始組織自身，創造出某些有趣的結果。記錄每天的變化。

用不同水源做實驗，看看結果有什麼差別。每個生態系都

是獨一無二的。

來源：美國永續生活設計學者托比‧海門威（TOBY HEMENWAY）《蓋

婭的花園》（GAIA'S GARDEN）

筷子

柴枝

麻繩

生鏽的釘子

松樹的粗枝

150

FOUND WRITING UTENSILS

撿來的書寫工具

用不同種類的書寫工具來做實驗，盡量多樣。你可以使用

撿到的塗料、墨水或正規的顏料。

有 時 候 ， 樹
能 告 訴 你 的
比 從 書 裡 讀
到 的 還 多 。

—— 分析心理學大師榮格

THE LANGUAGE OF TREES

樹的語言

多收集樹木的各個部分（用自然落下的東西，你不會想要傷害樹木）。整理你的收藏品，賞玩一番，懸掛起來，研究其形狀，畫一些素描，把東西掛在樹枝上。我們要讚美樹木！

生活是一本字典。──美國思想家及文學家勞夫‧艾默森（RALF WALDO EMERSON）

改變每日經驗的方法

WAYS TO TRANSFORM AN EVERYDAY EXPERIENCE

加上音樂

（戴耳機），由你自己設定調性氛圍。

像看電影一樣觀看每件事物。你就是製片家，每件事物都是來源。

將世界當作一道謎題，由你決定它的意義。

用你的雙眼製作一部電影。

喚起想像力（假裝你在執行

一項秘密任務，融入角色，感受無生命物品如真實活物）。

假裝你是其他人。

「……會怎麼做？」

嘗試從許多角度來觀看事物。

改變你的慣例，

走一條平時不會走的路。

穿著戲服或喬裝打扮。

要收集的東西	要探險的地方	調查方法	記錄方法

HOW TO INCORPORATE INDETERMINACY

如何納入不確定性

容許某事（或某人）選擇你前進的方向，或者你探索的事物、探索的方法。

探險者遊戲

你需要的東西：剪刀和某種容器（碗或口袋）。

說明

1. 使用左頁的方格表，在每個類別盡量填入你想要的項目。
2. 剪下方格，把每一類都分別開來。
3. 將它們放進容器中。
4. 眼睛不要看，把它們混在一起，每個類別各取出一張方格。
5. 利用變化後的項目進行創意探險。

如果我的房子是遊樂場，
將會如何呢？
若是一張空白畫布呢？
若有神秘的力量呢？

THOUGHT EXPERIMENTS

思考力實驗

愛因斯坦曾定期使用「思考力實驗」（唯有運用想像力才能解決的問題）。藉著提問：「若能乘著光束旅行會是什麼樣子？」，他真的構思出特殊的相對論。在日常生活中做思考力實驗一定非常有趣。

如果我所有的鄰居都有秘密生活，將會怎樣？

159

神秘的創意生活家制服 *

*附隱藏式內袋放置發現的東西

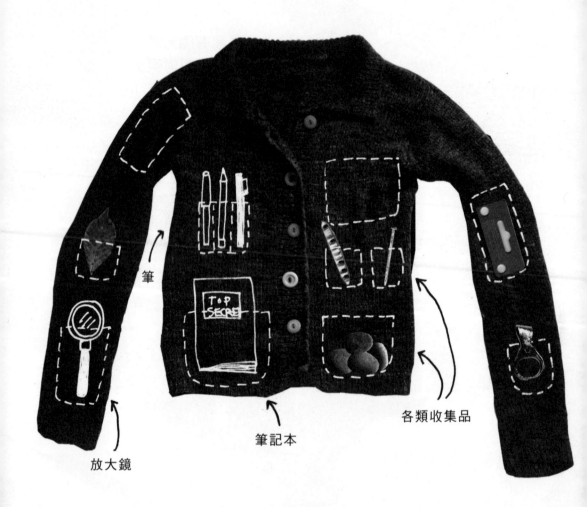

筆

放大鏡

筆記本

各類收集品

在我周圍的是什麼，我就是什麼。

—— 美國詩人華萊士・史蒂芬斯（WALLACE STEVENS）

SCAVENGER HUNT COLLECTION

拾荒遊戲的收藏品

將一天中要發現的東西列成清單。和一位朋友或在小組中

做這件事會很有趣，接著比較你們找到的東西。

一些點子：

○ 之前曾寄過的信封

○ 一片拼圖

○ 曾經成長的某物

○ 一則無意中聽到的故事

○ 一個腳印

○ 一盒紙夾火柴

○ 過去或現在對某人有意義的事物

○ 一種氣味

○ 某種藍色的東西

迷路的重要性

人類離未知越近，越有發明的才能——採用新方法的速度越快。

—— 美國發明家、建築師及宇宙論者伯克明斯特・富勒（BUCKMINSTER FULLER）

要進入未知世界（去參與一場實驗），需要心甘情願去完整體驗和研究我們不瞭解的事物，同時樂於擁抱不瞭解。

「迷路」有不同方式。有字面上的迷路，像是在樹林中迷失，找不到回去出發點的路。或是隱喻式的迷路：迷失在某人的頭腦中，迷途的靈魂，迷失在時光裡。在找尋創意的脈絡中，我們可以用「處於一個你不知何去何從的狀況」來看待迷路。由此來看，我們可能選擇變成真的迷路，探索一個從未到過的地方，或者迷失於與各類物品及想法產生關係，卻不知道結果會如何。

HOW TO WANDER AIMLESSLY

如何漫無目的閒逛

1. 選出一個日期和時間。

2. 收拾好一個袋子。

3. 開始往任一方向前進,只憑直覺行動。

4. 做你認為當做之事相反的事。

5. 若你開始認為你正在浪費時間,表示你做對了。

6. 繼續走,注意細節,丟掉所有對時間和地方的觀念。

田野
FIELD

WORK
工作

引導你觀察、記錄及研究的空間。

物品記錄日誌

物品：

尺寸：

材質：

日期：

發現地點：

視覺描述／草圖：

建議類別：

附註：

田野工作者姓名縮寫：

經驗記錄日誌

日期：

時間：

地點：

主題／事件：

視覺描述／草圖、顏色、質地、氣味、形狀、材質：

附註：

田野工作者姓名縮寫：

物品記錄日誌

物品：

尺寸：

材質：

日期：

發現地點：

視覺描述／草圖：

建議類別：

附註：

田野工作者姓名縮寫：

172

經驗記錄日誌

日期：

時間：

地點：

主題／事件：

視覺描述／草圖、顏色、質地、氣味、形狀、材質：

附註：

田野工作者姓名縮寫：

研究筆記

（將點連起來）

製作收納袋

1. 割開粗黑線標示處。

2. 將本頁三道邊緣用膠帶黏在另一頁上。

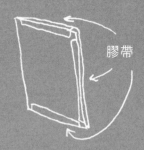

膠帶

3. 將扁平物放進去。

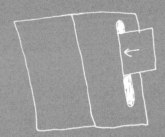

割開

撿拾物黏貼處。

經驗收集表

日期	描述	地點

經驗收集表

日期	描述	地點

研究筆記

（將點連起來）

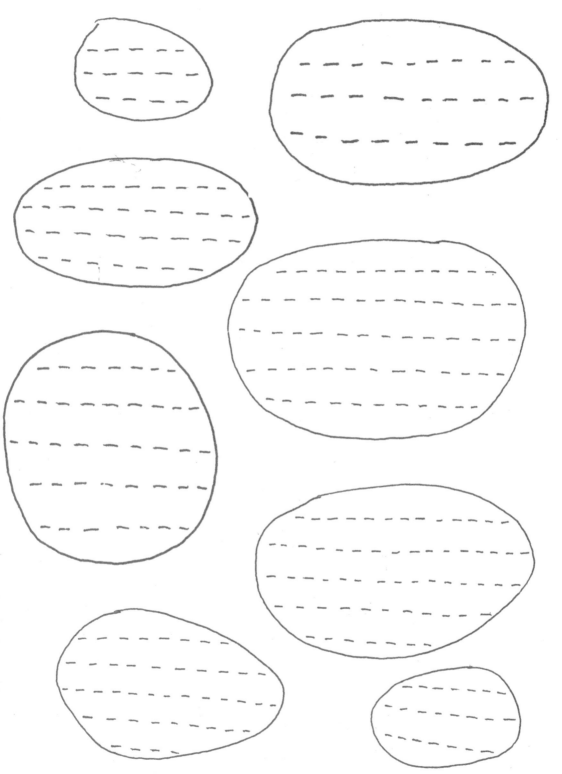

清單頁

顏色	氣味	聲音
_____	_____	_____
_____	_____	_____
_____	_____	_____
_____	_____	_____
_____	_____	_____
_____	_____	_____
_____	_____	_____
_____	_____	_____
_____	_____	_____
_____	_____	_____
_____	_____	_____
_____	_____	_____
_____	_____	_____
_____	_____	_____

味道   質感

經驗收集表

日期	描述	地點

經驗收集表

日期	描述	地點

190

物品標籤

（用於記錄收藏品、線索、證據）需附上繩子。

物品：
日期：
地點：
描述：

物品：
日期：
地點：
描述：

物品：
日期：
地點：
描述：

物品：
日期：
地點：
描述：

物品：
日期：
地點：
描述：

物品：
日期：
地點：
描述：

物品：
日期：
地點：
描述：

物品：
日期：
地點：
描述：

物品：
日期：
地點：
描述：

物品：
日期：
地點：
描述：

192

研究筆記

（將點連起來）

清單頁

顏色	氣味	聲音

味道

質感

經驗收集表

日期	描述	地點

經驗收集表

日期	描述	地點

為你的
博物館展覽
做好準備

SETTING
UP A
SHOWING
FOR YOUR
MUSEUM

選擇一個空間

一場藝術展覽或博物館展覽不是非得要成立一處陳列館才行。我見過最有創意的展覽是在阿姆斯特丹,有個女人在一輛舊卡車後面創造出自己的展場。她可以將卡車開去不同地方,而且只需收少許入場費來補貼油錢。我很喜歡這個主意,展場可以是你想要的任何地點、任何空間,沒有任何依循規則。在人行道上、在你家後院、在樹上、在你的車庫、在本書內、在手提箱中或在你的汽車後車廂裡。你只需設置告示牌,告訴大家你正在做什麼,以及一些標籤和某種形式的邀請函。

展示方法

試著想出展示收藏品的不同方式。

一些點子：

將展品懸掛在天花板上（或掛在樹枝上）、層層相

疊、讓展品浮出水面、在地板上做出有趣的圖案、將

展品藏在隱密處再畫張地圖、利用公共空間、圍牆、

衣物、可攜帶式空間等等。

以下有助於你製作展覽標籤。

標題：
材質：
日期：
描述：

類似這樣的
標籤

填寫空白處

其它選擇為採用密碼系統（色點或某種示意圖畫），
以便讓觀眾主動找出標題和物品本身的解說（就在附
近某處）。這種方式能使觀者專注於他們自己的過程
與體驗。

發送邀請函

創作一張海報或一些邀請函,設法表達出展覽的性質或內容。

點子:如果你有些小展品,就把請帖做得極小。你也可以把邀請

寫在物件本身上,像是樹葉或撿來的紙張。

使展覽有趣的點子

○ 試著在一個秘密地點辦展覽,附上某個觀眾必須解答的謎題。

○ 發送「神秘提袋」,即裝著一件撿來物品的紙餐袋。

○ 供應食物飲料。

○ 若你的焦點是觸覺作品,可以分發眼罩。

○ 思考觀賞展覽的各種方式,像是從不同的有利位置(由地面上

上下下)來看。

○ 寄給大家一座博物館如何?

○ 創作一件互動作品,例如一場拾荒遊戲。

創意小提示

業餘愛好者（AMATEUR）

一七八四年：「愛好（某事物）的人」，源自法文的AMATEUR「愛好者」，源自古法文，源自拉丁文的AMATOREM（愛好者），源自動詞AMARE（愛）的過去分詞AMATUS。來源：維基百科

*作者註：本書各項活動讓人以業餘愛好者的角度來觀看世界，業餘愛好者僅因愛好某事物而做，不計較成果。

藝術（ART）

「ART」其中一個意義接近較古老的拉丁文原意，大致上可譯為「技巧」或「手藝」，從印歐語的根源來看也有「整理」的意思。由此來看，凡符合由一行為人深思熟慮的整理過程者，可稱之為藝術。來源：維基百科

清清耳根（EAR CLEANING）

一種訓練耳朵的系統計畫，讓聆聽聲音更富辨識力，特別是環境中的聲音。來源：加拿大作曲家及環保專家墨瑞・雪佛（R. MURRAY SCHAFER）《聲境》（THE SOUNDSCAPE）

民族誌（ETHNOGRAPHY）

透過田野調查，詳盡記錄分析某一特殊文化的每日生活及習俗。

每日觀光（EVERYDAY TOURISM）

永遠以新的眼光看世界。

田野調查（FIELD STUDY）

針對不同主體，在其自然環境或棲息地中進行研究。

撿來的東西（FOUND OBJECT）

一件先前已存在（並非創造出來），並且移做其它用途的物品，可為大量製造或來自大自然。這些東西通常能在日常生活中發現，並因藝術創作而被置於全新脈絡中。

拾取（GLEANING）

傳統意義上，此字指農夫於收割後在田裡撿拾遺留下來的作物。當今則指在你的社區撿拾他人丟棄的東西，有時候是食物，或者是各式各樣的物品、家用品、回收材料。

不確定的（INDETERMINATE）

無法確知，或沒有可預料結果的某事物。

每日的（QUOTIDIAN）

意為平凡的或每天發生的，尤其是俗世生活。來源：牛津美語字典

現成物（READY-MADE）

一九〇〇年代初期，法國藝術家馬爾塞・杜象（MARCEL DUCHAMP）以「現成物」一詞來表示用於藝術創作中的大量製造的工業物品（與其原用途相反）。杜象常在其作品中使用現成物，開啟了什麼是藝術以及誰來定義藝術為何的對話。來源：泰德美術館館藏詞彙釋義，摘自前衛雜誌《盲人》（THE BLIND MAN）一九一七年五月號。

科學（SCIENCE）

經由觀察及實驗，對物質及自然界之結構與行為，進行系統性研究的智力與實踐活動。來源：牛津美語字典

ALL BOOKS
CONTINUE IN
THE BEYOND...

—ITALO CALVINO

所有的書
都將繼續至
更遠之處……

—— 義大利作家卡爾維諾

國家圖書館出版品預行編目資料

你可以這樣找創意／凱莉·史密斯（Keri
Smith）著．譚鍾瑜譯．——二版．——臺北
市：馬可孛羅文化出版：家庭傳媒城邦分公司發
行，2014.10
面；　公分．——（Act；MA0008）
譯自：How to be an explorer of the
world
ISBN 978-986-5722-30-2（平裝）
1.創造力 2.創意 3.藝術教育 4.學習方
法
176.4　　　　　　　103019332

注意：第20、32、40、53、68、
86、88、112、138、140、147、
158、165、199及201頁的照片為
JEFFERSON PITCHER於西班牙、
摩洛哥及紐約州的特洛伊等地拍攝。
其它照片由作者拍攝。

act⟶

MA0008

你可以這樣找創意

作　　者	凱莉·史密斯（Keri Smith）
譯　　者	譚鍾瑜
美術設計	羅心梅
總編輯	郭寶秀
特約編輯	吳佩芬
行銷企劃	林泓伸

發 行 人　涂玉雲
出　　版　馬可孛羅文化
　　　　　104 台北市民生東路二段141號5樓
　　　　　電話：886-2-25007696
發　　行　英屬蓋曼群島商家庭傳媒股份有限公司城邦分公司
　　　　　104 台北市中山區民生東路二段141號5樓
　　　　　客戶服務專線：(886)2-25007718；25007719
　　　　　24小時傳真專線：(886)2-25001990；25001991
　　　　　讀者服務信箱：service@readingclub.com.tw
　　　　　劃撥帳號：19863813　戶名：書虫股份有限公司
香港發行所　城邦（香港）出版集團有限公司
　　　　　香港灣仔駱克道193號東超商業中心1樓
　　　　　E-MAIL：hkcite@biznetvigator.com
馬新發行所　城邦（馬新）出版集團
　　　　　Cite (M) Sdn. Bhd.(458372U)
　　　　　11 Jalan 30D/146, Desa Tasik, Sungai Besi,
　　　　　57000 Kuala Lumpur, Malaysia Malaysia
輸出印刷　前進彩藝股份有限公司
初　　版　2009年6月
二版一刷　2014年10月
定　　價　330元
ISBN 978-986-5722-30-2（平裝）